모퉁이에서 놓친 분홍

열린시학 정형시집 148

모퉁이에서 놓친 분홍

공화순 시집

고요아침

■ 시인의 말

지금 막 모퉁이를 돌아섰다

잡고 있던 무엇인가 내 속을 빠져나갔다

마음은 텅 비고 허전한데

자꾸 저 먼 길이 궁금하다

2018년 11월
공화순

■ 차례

시인의 말　　　　　　　　　　　05

제1부

내 패터슨의 날　　　　　　　　13
모퉁이에서　　　　　　　　　　14
풍선　　　　　　　　　　　　　15
애인이란 말　　　　　　　　　　16
열쇠　　　　　　　　　　　　　17
화살가을　　　　　　　　　　　18
나를 사세요　　　　　　　　　　20
가을 넋두리　　　　　　　　　　21
하하호호 노치원　　　　　　　　22
연애고자　　　　　　　　　　　23
장마　　　　　　　　　　　　　24

제2부

꽃눈개비 몸살　　　　　　27
이월 산수유　　　　　　　28
목련 밤　　　　　　　　　29
거울을 보다　　　　　　　30
꽃게를 손질하며　　　　　31
상태 메시지　　　　　　　32
저물녘의 해바라기　　　　33
굽은 길　　　　　　　　　34
가을 세량지　　　　　　　35
겨울나무들　　　　　　　36
가랑눈　　　　　　　　　37

제3부

봄 드므	41
2월 따지기	42
비늘잎	43
꽃 안부 1	44
꽃 안부 2	45
유년의 우물	46
복숭아	47
산제	48
7월 살구길	49
나, 라는 수식어	50
밤눈	51

제4부

꽃, 자귀	55
봄 그리고 밤	56
각뿔	57
죽단화	58
PTSD	59
더 이상 갈 수 없을 때, 난 시작한다	60
줄커피	61
엘리베이터	62
도두봉 옥돔	63
따비밭 타령	64
함바집 쌈밥집	65

제5부

사뿐, 봄	69
토담	70
삼월은 물오름달	71
나팔꽃	72
손을 잡으면	73
강화 고인돌	74
지칭개	75
솔라닌	76
늦가을 오후	77
둥근 것은 힘이 세다	78
십일 월	79
■해설_먼 분홍 애인을 찾아 /정수자	80

제1부

내 패터슨*의 날

가장 평범한 것을 아름다움이라 말한다

소소한 내 일상도 시가 될 수 있을까

틈틈이 써내려가던 패터슨의 시처럼

반복되는 하루를 사랑할 수 있다면

변주 없는 생활도 노래할 수 있다면

오늘은 시를 쓰고 싶다, 아무 일도 없으니

* 패터슨 : 짐 자무쉬 감독의 영화. 버스운전사 패터슨이 소도시(패터슨)에서 소소한 일상의 기록들을 시로 적어가는 시집 같은 이야기이다.

모퉁이에서

지금 막 모퉁이를 빠져 나왔습니다
아직도 당신은 그곳에 있는 건가요
모서리 그 안쪽에서 지금을 떼어냅니다

거기서 시작됐던 이야기의 실마리도
돌아선 순간부터 이미 날 지나쳐서
옛일이 되었습니다
돌아갈 수 없습니다

길목마다 따라와 놓지 않던 손길을
차갑게 뿌리치며 이제야 돌아섭니다
가세요, 망설이다간 붙들리고 말거예요

돌아서는 것들은 회색빛 표정을 짓고
그리움을 놓지 못해 이명으로 떠돌다가
저만치 손짓합니다
시간의 귀퉁이에서

풍선

언제나 같은 꿈이 반복되고 있었지

가만히 바라만 봐도 터질 듯한 이 긴장,

얼마나 가득 채워야 저 하늘로 날아오를까

거뜬히 꼭대기까지 닿을 줄 알았어

매끈한 살가죽을 살짝만 터치해도

저만치 물러서는 꿈을 팽팽하게 좇곤 했지

이제껏 날지 못한 내 가슴 속 금빛나래는

힘없이 늘어져 펼치지 못한 드림 켓(Dream-ket)처럼

오늘도 공중에 매달려서 그네를 타고 있다

애인이란 말

한 번도 써보지 못한 애인이란 말을
처음 중얼대다 백지 위에 적어본다
나에게 왔던 적 있나
지나가버린 그 이름

가끔은 애인을 기다리고 싶었다
쓸쓸히 마시던 수요일의 아메리카노
이제 와 듣고 또 듣는
그 순간을 갖고 싶어*

무심히 돌아 나온 수요일의 그 카페
불쑥 찾아와서 기억을 헤집더니
또 다시 감기처럼 돋다
너에게 가는 마음

* 아이돌 가수 워너 원의 2번째 앨범 수록곡.

열쇠

굳게 다문 사각문을 마주하고 설 때면

그 너머 안쪽 세상이 조급증을 부추겨

꾹 다문 구멍 속으로 거침없이 밀어 넣는다

비집고 들어가서 비틀어야 열리는 사랑

실랑이를 벌이다 못 이기는 척 풀어주다

느슨한 부드러움으로 덥석, 나를 물었다

화살가을

*

단지의
한 귀퉁이에

붉으락
화살나무

쪼그리고 앉아서

꽃장난을 하고 있다

앗 뜨거!
불을 놓는다

이제부터 가을 시작

**

못 다 핀
씨앗들이

급하게 떨어졌다

갈수록
헐거워도

놓지 못해 엉킨 몸

빨간 불!
위험합니다

더 이상 난포 없음

나를 사세요

스펙으로 무장한 수많은 상품들이
질긴 세상 줄 하나 잡으려고 분주하다
사세요, 후회 안 해요
저마다 이력을 내민다

분칠한 이름으로 허공에 중심 잡고
허기를 동여맨 채 꿈을 파는 신상들
저글링, 내일은 모른다
순간을 사는 아찔한 곡예

가을 넋두리

기다림이 힘겹던 시월의 늦저녁에
소리 없이 떨어지는 가을 잎이 시리다
누구를 기다리는 건 아무래도 못할 짓

어스름 끌어안은 길들이 몸 눕히고
한숨처럼 깊어가는 그리움을 펼치면
허기진 들고양이가 그 어둠을 밟고 간다

누군가를 갈구했던 푸르른 열정들이
이제 와 불필요한 감정일 뿐이라고
정적에 밑줄을 긋는 또르르 귀뚜리 소리

하하호호 노치원

늙으면 애 된다더니
그 말이 딱 맞았네

스쿨버스 타고 가는 하하호호 할매들 교실에 와자하게
흰꽃으로 피어나네 구부러진 손으로 인형 눈알 붙이기
색연필 잡고서 삐뚤빼뚤 추상화 몸 따로 맘도 따로 어이
쿠 스트레칭 옹이진 관절마다 삐걱대는 추임새 도리질
절레절레 짝짝꿍 잘도 하셔

유치원 손주나 돌보다
노치원 간 흰 소녀

연애고자

불길한 예감은 늘 적중하는 편이어서

시작도 못해보고 연애는 끝장나고

감정은 어리석어서 저 혼자 이별하지

후회는 사랑보다 질기게 들러붙어

그때마다 쓰린 맛에 눈물 찔끔 빼다가

번번이 정신 차린 후 또 다시 빠져드는 너

장마

활짝 연 창문으로

훅 끼치는 라면냄새

장대비 건너가자 허기가 찾아왔다

자꾸만 매운 게 땡긴다

우기에 온 입덧처럼

제2부

꽃눈개비 몸살

멧비둘기 울어대던 긴 저녁 등을 타고
신열로 뒤척이며 넘어온 앳된 사월이
선명한 핏자국마다
새 눈을 치켜떴다

꽃 필 땐 아프다지 묵은 피 다 쏟아내고
수액을 퍼 올리듯
어둠을 끌어올리자
화르르 꽃눈개비가 봄 기슭으로 떨어졌다

이월 산수유

한겨울 붉게 밝힌 눈 속의 꼬마전구

입춘이 지나면서 후드득 불 다 내렸다

빈 가지 햇빛을 쫓아

노랗게 꽃눈을 뜬다

목련 밤

눅진한 봄 향기에 달빛마저 숨죽이는 밤

목련은 적막을 쓰고
가쁜 숨을 고르고

과부의 궁둥이 같은 달덩이가 요요하다

중모리 중중모리 자진모리 휘모리

빨라지는 장단에
여윈 몸 내맡기고

절정을 끌어안는다, 목을 꺾는 무희들

거울을 보다

소중한 건 쉽게
보여주지 않는다

멀리 있는 꿈같아서 주저앉아 체념하다
상처를 끌어안고 바라보는 푸른 잎들
지나온 모든 내가 너처럼 서 있다
푸릇한 두 잎이 어제처럼 지나간다
아직도 나는 널 기다리고 있는 듯
도망가는 세월을 기다리는 빈 의자
때로는 길바닥이 아프게 갈라지고
부르튼 손과 발 울고 있는 이 길에서
누군가 읽고 있다 사랑은 영원하다고
할 말을 잃은 입술 깊숙이 바라본다

모든 건 곧 잊히겠지
손짓하는 기억마저

꽃게를 손질하며

꽃게를 손질하며 독해지는 나를 본다
집게발 무섭다고 냉동 게만 찾던 손이
치켜든 집게발을 끊어 공격을 봉쇄하고

필사의 몸부림을 해체하는 25년차 주부
등껍질을 떼어내고 헐떡이는 속살에
불현듯 비감에 젖는 스산한 봄날저녁

산 게가 맛있다며 생생함에 솔깃하여
유난히 펄떡이는 산 놈만 골라다가
맛있는 식탁을 구실로 벌어지는 살육전

상태 메시지

오늘도 잘 있다며
글자가 웃고 있다

한때는 안부하며 지냈던 인연들을

프로필 들여다보며 저 혼자 인사한다

몇 달째 걸려 있는
똑같은 멘트에도

혹시나 안 좋은가 선뜻 묻지 못하고

너와 나 지난 거리를 문자로만 확인한다

저물녘의 해바라기

처진 어깨 추스르는 삼복 지난 골목길
긴긴 기다림 끝 곧추 선 해바라기
해질녘 고개 늘인 채
발목이 젖어 있다

어둠을 지고 오는 무거운 발걸음들
가슴 속 불씨들을 다 타도록 품었다가
정적을 깨우는 소리
푸른 귀에 담는다

굽은 길

부드러운 굽이들은
쉬이 길이 되었다
몸 낮춰 토해내던
한숨도 위로였다
가끔씩 몸을 세우다
풀죽어 내려앉던 등

오를 땐 정복할 듯 힘겹게 걷던 길이
내릴 땐 직선으로 거침없이 닿는다
하늘을 올려다보다 숨 고르며 머문 곳

둥근 선 안에서는
다 둥근 줄 알았다
그 안에 숨겨왔던
서슬 세운 예각들
둔덕을 올라타고서
젖은 등을 괴고 있다

가을 세량지

단풍길 뒤를 따라

남몰래 찾은 연못

정자포 하늘자락

투명하게 깔아놓고

말갛게
붉은 고동시

모닥모닥 담고 있다

겨울나무들

가속페달 힘껏 밟던
여름이 지나가자

구럭 같은 멍에를 벗어던지고 홀몸 되어

나무는 추워질수록
숨은 키를 치켜 올렸다

휘영한 달빛마저
흠칫 놀라 물러서는 밤,

우듬지 달라붙는 가랑눈을 털어내며

동짓달 차고 푸른 밤을
팽팽하게 울었다

가랑눈

小雪 지나 내린 비가 쌓이는 날입니다

가지 끝 투명하게
빚어내는 사연들

온밤 내 오랜 약속처럼 창밖을 서성입니다

가을이 가는 길을 한사코 막아서며

사늘히 비껴가는
그 길목 어딘가에

남몰래 어둠을 밟고 가랑눈이 다녀갑니다

제3부

봄 드므

어머니 마음처럼

찰랑대던 드므에

복사꽃 내려앉자

몸결이 일어난다

팽팽한
젖줄이 돈다

입 벌리고 안기는 봄

2월 따지기

봄볕이 바짝 드는 운동장 한가운데

누가 지나갔나
우묵 파인 발 우물

가만히 발을 대보니 꿈틀 솟는 봄기운

얼음감옥 갇혔다가 기지개 켜는 대지

들썩들썩 부풀다가
씨앗도 품지 못해

헛배만 부풀리다가 발을 차고 터지네

비늘잎

입춘 지난 햇살에

툭 터진 솔기마다

눈꽃이 슬어

싹눈 봉긋 안긴다

잔가지

비늘잎 털고

반짝 드는 겨울눈

꽃 안부 1

새움이 틀 때마다
떠오르는 한 장면

예쁜 신 내보이며
가지런히 웃던 틀니

어쩌다 발길 마주쳐 이름자도 모르는데

오가며 웃음에서
묻어나던 따슨 손길에

보이다 안 보이면
잘 계실까 궁금하더니

간밤에 먼 길 떠났다고 노란 등이 내걸렸다

꽃 안부 2

편지 봉투에 넣어 보낸 까만 씨앗들
철 다 지나도록 넝쿨만 무성하더니
올 여름 첫 꽃을 달고
끊긴 소식에 기별한다

뒤늦은 꽃 안부에 함빡 웃는 선생님
고맙고 반갑다며 답신을 보냈는데
꽃소식 고마운 건지
늦은 소식 반가운건지

예쁜 꽃 볼 때마다 피어나는 얼굴들
꽃보다 더 꽃 같은 미소를 가득 품고서
가끔씩 활짝 피었다며
꽃 사진을 보내온다

유년의 우물

우물은 내 유년의 기록을 쥐고 있다

들여다 볼 때마다
빤히 보던 그 표정

또 너니, 바닥을 꼭 쥐고 올려보던 검은 눈

두레박을 철썩 내리면 내 얼굴을 흩었다

어저께 잡다 놓친
참외 하나 내어주고

가만히 시치미를 떼며 먼 하늘만 그렸던

복숭아

거짓보다 가볍게
속살을 내놓는다

너무 많아 발길에 채뜨린 기억들

붉은 혀 무른 살에 박혀
둥근 몸을 읽는다

처음엔 겁도 없이 덥석 베어 물었다

단내를 질질 흘리며 풍겨오는 탐욕들

솜털을 벗기 전까지
빨간 속도 감쪽같다

산제

*

암노루 낮게 우는 새벽녘 산비알에
유월은 도둑처럼 깊숙이 찾아들고
골안개 초록을 잣는다
이슬 잠든 미명에

**

아무도 닿지 않은 두타에 닿고 싶다
오래된 신목들 축문 외는 곳에서
기꺼이 나를 놓겠다
희생제물 올리듯

7월 살구길

간밤 지나는 비에 몸 불리던 살구가
후두둑 쏟아져 사방을 어지럽혔다

아직도 안간힘 다해 붙어 있는 불씨들

언제 꺼질지 모를 가쁜 호흡 내쉬면
간간이 지나가는 발길조차 무거운데

먼 바다 태풍 소식은 예의 없이 찾아오고

사방에 노란 등을 한꺼번에 켜둔 채
오가는 눈길 받아 한자리에 모여서

마지막 불 내릴 때까지 단내를 쥐어짠다

나, 라는 수식어

나에게 딱 맞는 수식어를 찾다가
거울 속 내 얼굴을 찬찬히 들여다본다

부족함 외면하려다
보지 못한 내 모양

생김새 따라서 이름을 불러주듯
작고 또렷하다 붙여준 패랭이꽃

어쩌면 남들 다 보는 걸
나만 못 보는지 몰라

밤눈

눈 내리는 밤이면 잠귀가 자꾸 돋는다

어둠은 산통을 겪는지 내 뒤척이고

산자락 베이는 소리
가슴이 선뜩하다

눈 뜨자 와락 드는 소복한 모서리가

날선 각 숨겨두고 곡선으로 안긴다

구름은 첫국밥을 뜨나
하늘 텅 비어있다

제**4**부

꽃, 자귀

소문만 무성했던 유월이 입을 연다

숨기면 더 커지는 의혹을 참다못해

그녀를
사랑했다고

폭죽으로 터진다

봄 그리고 밤

*

초저녁 덧든 잠에 밤새 뒤척이다
마른 땅 토닥이는 빗소리를 듣는다
똑똑똑
바닥을 짚는
낙숫물에 마음 저린

**

개구리 와글와글 도돌이로 울어대고
무논에 고여 있는 은빛결 우련하다
두견새
피 흘려 넘는
산동네 봄, 그리고 밤

각뿔

얼굴을 맞대면 시퍼런 날이 선다
한 덩어리 나누어 무장한 얼굴선들
한 곳을 향하고 있는 몸뚱이가 돌아섰다

만나면 핏대를 세우며 싸우다가도
각자의 방으로 들어가면 말이 없다
한 몸에 샴쌍둥이처럼 붙어사는 가족들

너 잘났다 나 잘났다 겨루며 우쭐대다
위아래 작은 손에 낱낱이 해체되다
꼭짓점 하나로 만나 각 잡고 우쭐대는 뿔!

죽단화*

모퉁이를 돌아가다 그녀와 마주쳤다
바쁘게 넘어가는 여름도 막바지
봄을 다 벗지 못한 채
여름을 지나간다

반갑게 눈인사를 건넸던 사람마저
늦더위 달래가며 제 갈 길을 가는데
아직도 금빛을 쥔 채
입추절을 맞이한다

* 황매화.

PTSD*

정강이 한가운데 칼자국이 선명하다
움푹 팬 그 자리를 볼 때마다 저릿해지는
가슴께
날 선 칼 하나
망각에서 뛰쳐나온다

들킬까 광목천에 통증을 동여매고
거짓말로 억누르던 일곱 살 적 상처가
파리한
불안증으로
날마다 따라다닌다

* PTSD : 외상 후 스트레스 장애.

더 이상 갈 수 없을 때, 난 시작한다

본질을 외면한 채
먼 곳을 바라봤다

가장 멀리 갔을 때 뒤를 돌아봤다

한참을
돌아서가도
지난 것이 더 멀다

시간은 늘 앞서 가
나이를 먹었다

멈추지 못한 내가 처음을 시작한다

자꾸만
오라고 한다
서지 못해 또 간다

줄커피

월요일 아침부터 우울이 찾아왔다
쉬 가실 것 같지 않은 눅진한 분위기를
포트에 구겨 넣은 채 줄커피를 마신다

하루 종일 담장너머 기웃대던 불안처럼
G단조 모차르트의 교향곡이 흐르고
때늦은 멀건 후회가 낮은 음표로 내렸다

우울은 화석처럼 굳은 손을 내밀고
묵은 감정 퍼 올리는 무표정한 정적들
눅눅한 우묵 자리에 스러지는 내 그림자

엘리베이터

위아래 쉴 새 없이 오가는 두레박이
허공에 매달려서 속도를 견뎌낸다

마음을 꼭 틀어쥐고
시선은 포장한 채

팽팽한 몇 가닥 쇠줄을 의지하고
피로를 디디고 서서 벽을 타는 사람들

공중을 오르락내리락
시간차를 넘나든다

도두봉 옥돔

곧게 선 몸통뼈가 머리통을 잡은 채
눈알을 부릅뜨고 나를 쳐다본다

살 위에 오름이 되어
우두커니 솟은 머리

저민 살 구겨 넣는 커다란 입들을
물끄러미 바라보다 그냥 돌아나온다

물살이 빠져나가자
고개를 쳐드는 섬

따비밭 타령

산 밑
이랑 긴 밭
처음 하는 쇠스랑질

아버지 매운 눈길에 마음만 더 바쁜데

번번이
비껴만 가는
서툰 손이 열없다

평생
밭농사에
농익은 농부 손길이

목발에 의지한 채 자글자글 졸아든다

꾹, 꾹, 꾹,
잘 좀 해봐라!
가슴 쪼는 산비둘기

함바집 쌈밥집

무쇠 솥 더운 김에 국자를 치켜들면
날선 각 피해가며 그릇들이 앞장선다
오 분 전, 출격준비완료!
바빠지는
주방 손

열 두 시 되자마자 쳐들어온 식객들
밥을 퍼라 국을 떠라 우왕좌왕 어지러운데
일제히 전투하듯이
욱어싸는
싸움 밥

제5부

사뿐, 봄

볕으로 손을 내민
잔가지가 술렁인다

일찍 눈 뜬 잎들이
봉긋봉긋 꽃발 들자

저만치
물오른 길로
산당화 사뿐 온다

토담

까닭 없이 허전한 날
디새집을 지나다가
살며시 붉은 담에 내 모습 기대이면
넓은 품 나를 끌어다 모양대로 시침한다

나한 같은 미소에
볕뉘로 머물러서
고단한 발길 잡으며 말없이 안아주는
빈담에 가득한 온기 토닥이던 언니 같다

잡풀들 이야기가
발밑에서 익어가고
큰 키를 기울여서 말 건네는 나무들
바쁘게 꿰던 하루도 숨 고르며 등을 편다

삼월은 물오름달

*

겨우내 구푸린 몸 양지에 내다걸고

봄볕 끌어안고
자울자울 졸다가

부스스 잔 비늘 털며 물오르는 마른 가지

**

물오름달 돋는 움은 열두 살 초경 같다

초록으로 눈뜰 때마다
남은 추위가 시샘해도

속살을 활짝 열고서 저 하늘을 담아낸다

나팔꽃

밤새 웅크린 몸

부스스 일어나서

반갑게 손 내밀며

함빡 짓는 꽃미소

동동동

부챗살처럼

활짝 펴는 아침 손客

손을 잡으면

손을 잡는다는 건
없는 길 찾아가는 길
마디로 전해지는
못 다한 이야기들이
복잡한
주름 길에서
마음 길로 통한다

손을 잡아주는 건
문을 활짝 여는 일
슬며시 마주잡다
마음을 포개는 일
눈으로
볼 수 없는 걸
가만가만 들려준다

강화 고인돌

한 번도 본 적 없는 시조부 뵈러갈 때

좁은 산길 입구로 마중 나온 고인돌

고려산 거슬러오는
행인들을 검문한다

청동검 휘두르며 호령하던 족장들

무거운 돌짐 지고 이 땅을 호위하며

넓적 돌 머리에 이고
현재를 버텨 서 있다

지칭개

주위를 둘러봐도 봐줄 이 하나 없는
허름한 원룸 촌에 마른 몸을 세우고
꽃 달자 우쭐대지만
바람조차 비껴간다

처음으로 이름 걸고 차지한 방 한 칸
두 해도 못 살고서 이중계약 들통 나서
보증금 건져보겠다
발품만 동동대다

저 혼자 뽐내다가 제풀에 지레 지친
모양새도 궁색하다 어디서 쫓겨난 양,
허옇게 머리를 풀고
같이 울던 지칭개

솔라닌

감자 속엔 울퉁불퉁 괴물이 살고 있다
껍질을 뛰쳐나온
시퍼런 욕망들이
몸통에 빨판을 꽂고 알맹이를 빨고 있다

속살을 파 먹히고 거죽은 늙어갔다
썩어야 피어나고
죽어야 살 수 있는
잔인한 그 진실 앞에서 고개 드는, 푸른 독

늦가을 오후

때때로 소요에도 마음이 지치면
문득 소슬해지는 늦가을 뒤꼍에서
한 뼘씩 키를 낮추는
햇살의 손을 잡는다

도탑던 이야기들 자리 펴는 긴 저녁
유순한 그림자 키워 하루가 넘어가면
고요가 멀찍이 물러나
가는 곳 어디일까

둥근 것은 힘이 세다

둥근 것은 힘이 세다 누구라도 감싸 안는다

죽어도 지구를 벗어날 수 없는 우리, 원을 싸고 둥근 것과 한 몸으로 살고 있다 모가 나도 원에 갇혀 둥글어진 사람들, 둥글둥글 둥근 것을 휘휘 돌리고 있다 온갖 두려움 밀쳐내며 둥근 것에 숨는다 힘껏 걷어차면 높이 튀어 오르는 공, 어디든 굴러가서 멈추려하지 않는다 욕망도 멈추지 않는 수레바퀴를 타고 간다 끌어내려도 도무지 당할 수 없는 탄력, 끝없이 공중으로 높이높이 솟구친다 그 탄력으로 더 높이 날고 싶은 자유, 아무리 벗어나려 해도 놓아주지 않는 힘, 그 힘을 벗어날 수 없어 그것에 붙들려 산다

둥글게 사는 게 좋다고 둥글게 모여서 산다

십일 월

나무와 나무 사이 단풍이 몸을 내렸다
해쓱해진 갈숲에 침묵들이 쌓여간다
그 속을
비집고 나오는
오래 묵은 탄성들

봄에 만나 가을이 다 가기 전에 헤어졌다
헐렁해진 옷 사이로 바람이 자꾸 든다
저 멀리
깊어가는 하늘
첫눈 소식 가뭇하다

■해설

먼 분홍 애인을 찾아

정수자

시인·문학박사

　시인은 무엇으로 사는가. 지금 내가 쓰는 것은 과연 시인가. 시인의 길에 들어선 사람이면 종종 되짚는 질문일 것이다. '쓴다, 고로 존재한다'고 넘겨봐도 뭔가 켕기며 '백지의 공포'는 수시로 쳐들어온다. 쓴다는 것의 지난함과 지엄함 앞에 자신을 거듭 되세워야 하기 때문이다.

　공화순 시인도 돌아봄의 시간이 잦은 듯, 존재나 삶 등에 대한 성찰의 밀도를 보여준다. 자신의 '지금'을 종종 들여다보며 '이건 아닌데…' 같은 불안에 촉각을 곤두세우는 듯하다. 이러한 경향은 수필가로 등단(2005)한 후 10년이 다 되어 펴낸 에세이집 『지금도 나는 흔들리고 있다』(2014, 작가와문학)에서도 엿볼 수 있다. 그만큼 '제대로, 충분히, 잘하고 있는지' 치열한 자기 점검 속에서 현재의 안주나 안일을 불안해하는 성향이 두드러진다. 이러한 경향은 삶이나 작품을 관통하는 하나의 특성을 이루는데, 2016년 등단(『시조문학』) 후 간간이 발표한 작품들의 주조를 이룬다. 무엇보다 "나에게 딱 맞는 수식어를 찾는"(「나, 라는 수식어」) 여정 같은 시적 탐색과 성찰이 이번 시집에서도 그의 개성적 영역으로 심화되는 것이다.

그런 점에서 그의 시조 쓰기는 "모퉁이에서 놓친 분홍"을 찾아 나서는 또 다른 미혹의 여정일지도 모른다. 아니 어쩌면 "한 번도 써보지 못한 애인이라는 말"처럼 낯익은데 낯설게 느껴지는 언어들의 첫 개화 같은 발화를 구하며 끝없이 헤매는 길일 수도 있겠다. "처음 중얼대다 백지 위에 적어"(「애인이라는 말」) 보는 말이야말로 새로운 여행의 열쇠말일 수도 있으니 말이다. 그렇듯 "분홍" "애인"을 찾는 은유의 여정은 그의 성찰에 새 빛을 발산하는 매혹의 길로 이어질 것이다.

*

시는 어디에서 오는가. 아니면 시라는 귀신을 어떻게 귀신같이 잡을 수 있는가. 이런 질문에 구체적으로 답하기엔 시가 탄생하는 순간의 신비스러움이 없지 않아 '영업비밀'로 둘러대기도 한다. 언제 어떻게 오는지 모르게 번개처럼 오거나 천둥처럼 오는 시도 꽤 있기 때문이다. 아니 시의 눈으로 보면 우리 일상이 다 시이니, 굳이 접신接神이니 영감靈感, inspiration이니 시적 순간을 높이곤 하던 '포즈'에 대한 거부감도 있겠다. 오히려 어떤 순간에 스친 이미지의 접속이나 작은 발화發火 같은 것, 그런 일상 속의 관찰과 추적이 '시적 순간'의 발견과 발상을 동반하는 경우가 더 많은 듯하다.

영화 〈패터슨〉은 이러한 시 쓰기를 잘 보여주는데, 거기서 얻은 다음 시조도 비슷한 발견을 담고 있다. 영화의 중요한 기표인 'Paterson'은 시인 윌리엄 카를로스 윌리엄스의 고향인 한 도시의 이름이자 그 시의 버스기사 이름이다. 영문학을 전공한 짐 자무쉬 감독이 의도적으로 중첩한 Paterson市의 Paterson씨 시 쓰기는 여러 면에서 한 편의 시와 다름없는 영화다. 일상 속에서 단편적으로 얻는 시상을 날마다 기록하며 혼자만의 지하방에 감춰두는 패터슨의 시 쓰기 자체만도 시적이라 우리나라 시인들의 사랑이 남달랐다.

가장 평범한 것을 아름다움이라 말한다

소소한 내 일상도 시가 될 수 있을까

틈틈이 써내려가던 패터슨의 시처럼

반복되는 하루를 사랑할 수 있다면

변주 없는 생활도 노래할 수 있다면

오늘은 시를 쓰고 싶다, 아무 일도 없으니
―「내 패터슨의 날」 전문

그런 패터슨의 시작詩作에서 착안한 시인은 일상의 소소한 아름다움을 다시 발견한다. "가장 평범한 것을 아름다움이라 말한다"는 문장은 〈패터슨〉에 담긴 전언의 확인일 수도 있고, 시인이 영화에서 재발견한 그 무엇의 발화일 수도 있다. "틈틈이 써내려가던 패터슨의 시"가 각별하게 와 닿아 일상 속에서 찾는 시의 아름다움을 다시 느끼는 것이니 말이다. 이는 둘째 수의 전제를 통해 뒤집어지는데 "반복되는 하루를 사랑할 수 있다면" 그게 가능하다는 것. 이어지는 "변주 없는 생활도 노래할 수 있다면"이라는 구절도 단순해 보이지만 간단치 않은 전언을 담고 있다. 일상의 권태나 지루함조차 "사랑할 수 있고", "노래할 수 있어야" 시를 쓰리라는, 아니 그런 자세라야 시인이라는 인식으로 보이기 때문이다.

   그보다 깊은 울림은 무심한 듯 터뜨린 마무리 문장에서 나온다. "오늘은 시를 쓰고 싶다"면서, 그 이유로 꼽은 게 "아무 일도 없으니"라니! "아무 일도 없으면" 일반적으로는 시를 쓸 거리가 없다고 여기기 쉬운 그야말로 무미無味한 날이겠다. 그런데 시인은 "아무 일도 없기"에 "시를 쓰고 싶다"는 반전으로 시에 대한 일부의 편견이나 선입견을 뒤집어본다. 사실 이즈음은 별 볼일 없는 일상 속에서 읽어내는 소소한 발견으로 별 보는 충격을 가하는 시가 주를 이룬다고 할 수 있다. 그 또한 세밀한 관찰과 질문과 사유로 벼려온 시적 심안心眼에서 나오는 발견과 발상에 힘입을 귀결이겠지만 말이다. 그러고 보면 천재성의 폭발인 양 회자된 시적 영감이니 접신 같은 시 탄생의 비밀도 예전의 시관詩觀이나 시인들 특유의 허장성세 포즈에서 나온 게 많았다.

   그런 전통(?)에다 한 방 날리듯, 공화순 시인은 "아무 일도 없으니"라고 "시를 쓰고 싶다" 맺음으로써 참신한 충격을 준다. 일종의 시론詩論이라고 할 수도 있는데, 이 문장이 또 다른 시적 사유를 촉발하므로 간단치 않은 것이다. 게다가 "아무 일도 없으니"가 여러 사유를 촉발하며 단순치 않은 여운으로 넓어진다. 노자老子의 무위無爲 사상이 언뜻 스치면서, 시란 때때로 무위 속이나 부지불식간에 오지 않던가, 시가 오는 길목을 되짚게도 하는 것이다. 그렇게 끝없이 심심할 때, 하릴없이 지루할 때, 주변이 소풍간 듯 한없이 적요할 때, 무료하기 짝이 없을 때 등등 우주에 혼자 떨어진 듯 자신을 무연히 둘 때, 먼 데서 에돌던 시가 다가오기도 하니 말이다. 그런저런 느낌들이 겹쳐지는 독백 같은 종장은 시적 여운을 더 길게 펼치며 독자의 산책을 이끈다.

"아무 일도 없으니"를 다시 읽으면 소요逍遙를 넌지시 짚는 것 같기도 하다. "때때로 소요에도 마음이 지치면"(「늦가을 오후」)에서는 장자의 소요유逍遙遊가 묻어나오며 너도나도 지나치게 바쁜 현대의 일상을 돌아보게 하기 때문이다.

*

성찰은 쓰기라는 행위의 한 근간을 이룬다. 질문이나 비판이나 반성 등이 성찰과 직결된다는 점에서 보면 성찰이야말로 문학의 중요한 수행이라고 할 수 있다. 일상 속에 잠복한 다양한 문제를 새롭게 캐고 묻고 따지는 등의 힘을 견인하기 때문이다. 그런 성향의 시인에게서 사회적 약자를 향한 따뜻한 시선과 그 속에 담긴 유머를 만나는 것은 또 다른 발견의 즐거움이다.

　어느새 고령사회로 진입한 우리 사회에서 노인복지는 화급한 문제로 부상하고 있다. 문학에서도 다양한 문제제기를 하는 중이지만, 본격적인 노인문학은 이제 시작 단계라고 할 수 있다. 세상의 모든 판이 젊은이 편에서 돌아가는 중에도 『노인과 바다』(Ernest Hemingway)는 눈에 띄는 노인 주인공 소설인데 지금 보면 선구적인 면이 크다. 그런데 소설보다 기사 등에 자주 인용되는 제목이 있으니 바로 〈노인을 위한 나라는 없다〉라는 영화다(예이츠 W. B. Yeats 詩「Sailing to Byzantium」의 'That is no country for old men'에서 제목을 따왔다는데 시 내용은 영화와 다르다). 노인을 위한 문화 예술 복지 등 많은 것이 '없다'는 현실을 환기하는 데 더없이 효과적이기 때문일 것이다.

　사실 노인에게는 세상의 모든 상황이 불리하기만 하다. 그런 판에서 유치원은 노치원이 되고 있으니 참으로 아이러니한 상황이다. 아니 어쩌면 당연한 변화라고 하겠지만, 유치원이 노치원으로 간판 바꿔 다는 일이 빈번해진 것이다.

　늙으면 애 된다더니
　그 말이 딱 맞았네

　스쿨버스 타고 가는 하하호호 할매들 교실에 와자하게 흰꽃으로 피어나네 구부러진 손으로 인형 눈알 붙이기 색연필 잡고서 삐뚤빼뚤 추상화 몸 따로 맘도 따로 어이쿠 스트레칭 옹이진 관절마다 삐걱대는 추임새 도리질 절레절레 짝짝꿍 잘도 하서

유치원 손주나 돌보다
노치원 간 흰 소녀들
— 「하하호호 노치원」 전문

"늙으면 애 된다"는 시정의 말을 그대로 인용한 도입은 요즘 세상 돌아가는 형편을 한마디로 일깨운다. 사실 '유幼'와 '노老'는 다르면서도 비슷한 모습이니, '노老'는 대체로 '유幼'의 상태가 되어 온 곳으로 되돌아가게 된다. 그런 시정의 말에 맞춤하게 사설로 늘어놓은 중장은 노인 천지가 된 세상을 재미있게 펼쳐 보인다. 사설의 기본인 엮음과 주워 담기로 노치원의 현장을 실감나게 전하며 웃음까지 고명을 얹는 것이다. 상황의 나열이나 리듬감을 살리는 언어 반복은 노치원의 색다른 생동감을 높이는 데 기여한다.

특히 노인들의 치매 치료에 많이 쓰이는 미술을 아이들의 즐거운 놀이로 "하하호호" 살린 장면은 시적 매력을 배가한다. 이는 출생 저조와 노인 증가라는 우리네 현실에서 유치원을 노치원으로 활용하게 된 구조적 변화에 반전을 가하는 즐거운 풍경이다. "삐뚤빼뚤 추상화 몸 따로 맘도 따로"에 "어이쿠 스트레칭 옹이진 관절마다 삐걱대는 추임새"가 터지는 판이긴 해도 "도리질 절레절레 짝짝꿍 잘도 하셔"라는 긍정적 표현을 덧대서 노인들 놀이판에 유치원 같은 유쾌한 활력을 부여하는 것이다. 까짓 거 될 대로 되라는 듯, "삐뚤빼뚤"이 무에 대수냐는 듯, 굳이 잘 보이려는 마음도 없는 천진스러운 행동 묘사도 노인들의 놀이터에 분방한 웃음과 함께 박수를 견인한다. 그런 점에서 따듯한 시선으로 그려낸 유치원의 노치원화는 탁월한 풍속화라 하겠다.

그와 달리 초식성이라는 신조어로 연애며 결혼을 포기한 청춘(?)들의 심리를 들여다본 작품도 사회 문제 환기 속에 웃음을 담아낸다. 「연애고자」는 풍자나 해학보다 냉소에 어울리는 상황의 간명한 압축으로 행간을 채워 읽게 한다.

> 불길한 예감은 늘 적중하는 편이어서
>
> 시작도 못해보고 연애는 끝장나고
>
> 감정은 어리석어서 저 혼자 이별하지
>
> 후회는 사랑보다 질기게 들러붙어
>
> 그때마다 쓰린 맛에 눈물 찔끔 빼다가
>
> 번번이 정신 차린 후 또 다시 빠져드는 너
> ─「연애고자」 전문

'연애고자'는 조금 위험한 표현일 수도 있지만, 인권 침해라고 고발하는 사람은 없을 듯하다. 역사물을 통해 더 알려진 '고자'(내시)는 그들이 좌우한 정치의 나쁜 선례로 이용된 탓에 상투성이 덧칠해진 호칭이다. 그런 '고자'에 '연애'를 붙여

쓰니 이전과는 전혀 다른 웃음을 수반하는 색다른 말맛을 얻었다. 거기에 이즈음 청춘들의 현실을 환기하는 시인은 "시작도 못해보고 연애는 끝장나"버린 사람의 경우를 짯짯하게 그린다. 사정이 그렇다면 "감정은 어리석어서 저 혼자 이별하지" 같은 냉소 어린 혼잣말도 나올 법하다. 제멋에 넘치거나 훌쩍대거나 쥐어박기 쉬운 "감정"의 특성을 "고자" 성향에 절묘하게 겹쳐놓은 것. 그럴수록 "후회는 사랑보다 질기게 들러붙"기 마련이니, "쓰린 맛에 눈물 찔끔 빼"는 것도 다반사겠다. 그렇게 "번번이 정신"을 차렸건만, 다시 빠져들 수밖에 없는 게 연애의 불가해한 특성이 아닐는지. "연애"와 "고자"의 우습지만 웃을 수만은 없는 결탁으로 우리네 사랑의 이력을 씁쓸히 꺼내보게 한다.

  다음 시조는 앞의 작품과 다른 의미에서 자기 착취에 놓인 현대인을 비춰준다. '스펙'은 'specification'이라는 뜻보다 이제 청춘들의 필수인 자기능력증명서가 되었다. 하지만 '스펙 쌓기' 전력투구로 능력을 극대화해도 '꿈은 이루어진다'는 말조차 공소할 만큼 힘든 세상이다. "드림 켓(Dream-ket)"은 그런 현실의 절묘한 은유다.

    언제나 같은 꿈이 반복되고 있었지

    가만히 바라만 봐도 터질 듯한 이 긴장,

    얼마나 가득 채워야 저 하늘로 날아오를까

거뜬히 꼭대기까지 닿을 줄 알았어

매끈한 살가죽을 살짝만 터치해도

저만치 물러서는 꿈을 팽팽하게 좇곤 했지

이제껏 날지 못한 내 가슴 속 금빛나래는

힘없이 늘어져 펼치지 못한 드림 켓(Dream-ket)처럼

오늘도 공중에 매달려서 그네를 타고 있다
ㅡ「풍선」 전문

낯익은 풍경에서 낯선 모습을 잡아챘지만, 다시 보면 낯익은 우리네 이즈음의 자화상 같은 허탈한 형상화다. 어릴 때 본 "풍선"은 높이 나는 오색 꿈의 현현이자 터질까봐 간 졸이던 추락의 다른 형상이었다. 불기도 힘든데 날리기엔 더 아슬아슬한 '높이'와 '날기'라는 면에서 풍선은 도약의 상징 같기도 했다. 그런데 그것이 어디쯤에선가는 반드시 터질 것을 알고, 그것이 터지고 말면 영랑의 시(「모란이 피기까지는」)처럼 '하냥 섭섭해 우옵내다'를 경험했을 테니, 그 아스라한 경계에 새삼 오금이 저리다. 거기서 "가만히 바라만 봐도 터질 듯한 이 긴장"이 오고 한때는 "거뜬히 꼭대기까지 닿을 줄 알았"기에 "물러서는 꿈을 팽팽하게 좇곤 했던" 것이다.

그런데 살다 보면 "힘없이 늘어져 펼치지 못한 드림 켓(Dream-ket)"의 시간이 더 많아지니 "공중에 매달려서 그네를 타"는 상태로 나날을 건너게 된다. 그런 현대인의 고달픈 일상을 담아내는 "드림 켓(Dream-ket)"에서 시인은 실패나 추락이 많아진 사람살이의 면목을 중첩한다. 하지만 지금도 "팽팽하게" 꿈을 좇는 "드림 켓(Dream-ket)" 같은 반복이야말로 추구라는 삶의 특성이자 원동력이기도 하다. 그것이 비록 이카루스 날개처럼 타거나 찢기거나 추락을 하더라도, 살아있는 한, 자신의 삶을 타고 나아갈 수밖에 없음을 알기 때문이다. 그렇듯 낯익은 자화상을 외면해도 다시 들이미는 얼굴을 들고 살아야 하니, 시 또한 그렇게 실패하고 또 실패하며 「풍선」처럼 저만의 도약을 찾아 헤매는 것이리라.

사회적 약자나 노인 문제 등의 형상화는 일상 속의 문제의식이 특정한 경우를 만나 표출되는 게 많다. 특히 소외와 고독에 처한 노인들에 대한 시편은 시인의 또 다른 시적 품성을 담보한다. "너와 나 지난 거리를 문자로만 확인"(「상태 메시지」)하는 세상이 됐지만, "보이다 안 보이면/잘 계실까 궁금"해지는 따스한 마음 또한 있어 "간밤에 먼 길 떠났다고" 내걸리는 "노란 등"(「꽃 안부 1」)에도 조의를 표하는 것이겠다. 이렇듯 세상의 그늘 쪽으로 마음을 내어 살피는 것은 우리가 당면한 현실의 이면을 들여다보는 시적 품을 넓히는 길이기도 하다.

*

  시인은 자신이 구현하고 싶은 세계가 무엇이든 성찰을 자주 자신에게로 향한다. 성찰의 특성이 나부터 돌아보는 데서 깊어지고 넓어지기 때문일 것이다. 공화순 시인도 자기 돌아보기가 두드러진 편이라 그에 따른 시편이 많이 나타난다. 앞에서 읽은 작품들과 궤를 같이하면서도 내면에 더 집중되는 작품들은 또 다른 공명을 자아낸다.

  지금 막 모퉁이를 빠져 나왔습니다
  아직도 당신은 그곳에 있는 건가요
  모서리 그 안쪽에서 지금을 떼어냅니다

  거기서 시작됐던 이야기의 실마리도
  돌아선 순간부터 이미 날 지나쳐서
  옛일이 되었습니다
  돌아갈 수 없습니다

  길목마다 따라와 놓지 않던 손길을
  차갑게 뿌리치며 이제야 돌아섭니다
  가세요, 망설이다간 붙들리고 말거예요

  돌아서는 것들은 회색빛 표정을 짓고
  그리움을 놓지 못해 이명으로 떠돌다가
  저만치 손짓합니다
  시간의 귀퉁이에서
                            —「모퉁이에서」 전문

삶의 다양한 길목에서 만나는 지점에 모퉁이들은 있다. 예기치 않은 데서 불쑥 나타나거나 우리가 만드는 지점의 모퉁이는 생의 변곡점이 된다. 시인이 돌아보는 "모퉁이"도 여러 "길목"에서 마주치거나 우정 지나쳐온 지점으로 보인다. "모퉁이를 빠져 나왔"다면서 "모서리 그 안쪽에서 지금을 떼어" 내는 것은 그 이전을 과거로 만드는 방식이다. "돌아선 순간부터 이미 날 지나쳐서/옛일이 되는 것", 그것은 당연히 "돌아갈 수 없으니" 시간의 경과를 담은 모퉁이의 재현이다. 거기서 시인은 "길목마다 따라와 놓지 않던 손길을" 생각하다가도 "차갑게 뿌리치며" 돌아서길 바란다. "망설이다간 붙들리고 말" 테니 그 지점을 냉정히 지나쳐야 한다는 듯. 그래서 "회색빛 표정"이든 "이명"이든, 돌아서게 만드는 모퉁이는 어떤 "손짓"들이 유독 떠돌게 마련이다. 평이한 서술에 높임말 어조를 배치했는데, 수월히 읽히는 맛이 앞의 작품들과는 다른 흡입력을 보여준다. 세상의 숱한 길목에 쌓여 있을 법한 "모퉁이" 자체의 속성을 고르게 담아내기 때문이다.

사물이나 말에 대한 사유를 촘촘히 펴는 다음 작품들도 시인이 열어나갈 또 다른 영역을 보여준다.

굳게 다문 사각문을 마주하고 설 때면

그 너머 안쪽 세상이 조급증을 부추겨

꾹 다문 구멍 속으로 거침없이 밀어 넣는다

비집고 들어가서 비틀어야 열리는 사랑

실랑이를 벌이다 못 이기는 척 풀어주다

느슨한 부드러움으로 덥석, 나를 물었다
―「열쇠」 전문

이 시조에서는 흥미로운 설정을 살리는 감각적 해석이 두드러진다. 열쇠에 대한 다양한 비유가 그동안 시를 풍성하게 해왔지만, 시인은 사랑의 '밀당'으로 집약한다. "비집고 들어가서 비틀어야 열리는 사랑" 끝에 "실랑이를 벌이다 못 이기는 척 풀어주"는 사랑싸움의 과정은 압축적이지만 심리를 잘 잡아낸다. 그런데 "느슨한 부드러움으로 덥석, 나를 물었다"는 대목에 오면 앞 구절보다 훨씬 짙은 관능성이 끼친다. 공 시인의 작품에서 보기 어려운 비유가 대상의 면모를 일신하며 열쇠에 대한 인식의 자장도 확 넓혀주는 것이다. 열쇠를 암/수로 만들었다거나 그런 짝맞추기 행위로 그린 작품은 더러 있었다. 하지만 시조에서는 관능을 슬쩍 깨우는 정도라도 종장 같은 비유가 아주 드문 경우에 속한다. 그래서 더 강하게 다가올 수 있는 데다, 사랑싸움이라는 상황 종료 후의 맺음이라 더 농염하게 비칠 수도 있겠다. 그것도 "느슨한 부드러움으로" "덥석, 나를 물었다"니 핵심의 응축이다. "비틀어야 열리는" 열쇠의 속성에 사랑의 밀당 특성까지 중첩의 교묘함으로 시적 해석의 풍요로움을 살린 경우라고 하겠다. 번호

키나 지문 인식으로 통하는 이즈음에는 이 또한 고전적인 형상화라 갸우뚱할지 모를 일이고, 예전에 쓰던 '열쇠/자물쇠' 관계의 재현이지만 말이다.

>본질을 외면한 채
>먼 곳을 바라봤다
>
>가장 멀리 갔을 때 뒤를 돌아봤다
>
>한참을
>돌아서가도
>지난 것이 더 멀다
>
>시간은 늘 앞서 가
>나이를 먹었다
>
>멈추지 못한 내가 처음을 시작한다
>
>자꾸만
>오라고 한다
>서지 못해 또 간다
>―「더 이상 갈 수 없을 때, 난 시작한다」 전문

시인의 탄식이 깊이 깔린 이 작품에도 자신을 다그치는 모습이 겹쳐진다. "가장 멀리 갔을 때 뒤를 돌아봤다"는 문장은 그만큼 돌아봄이 남다르게 많거나 잦았던 자화상의 확인이다. 그렇게 "지난 것이 더 멀"게 보일 때 우리는 돌아갈 수 없다는 사실에 망연해지기 일쑤다. 아무리 바둥거려도 "시간은 늘 앞서 가"니 놓친 것들은 늘고 따라잡을 수 없이 뒤처진 느낌까지 들어 허둥거리는 것은 현대인의 자화상이기도 하다. 하지만 시인은 "서지 못해" 갈지라도 거기서 또 나아가야 함을 자신에게 주입하나 보다. "더 이상 갈 수 없을 때, 난 시작한다"는 문장은 그래서 자신을 되세우는 주문呪文처럼 보인다. 풍진 세상을 견디려면 자신만의 주문이 필요하지만, 공 시인도 자기 응시와 주문 속에서 갱신을 거듭하는 것으로 보인다. 새로운 진전은 그런 가운데 빚을 수 있으니 고통스러운 자기 응시야말로 좋은 시의 거름이겠다.

*

"누구를 기다리는 건 아무래도 못할 짓"(「가을 넋두리」)이라지만, 시를 기다리는 건 더더욱 못할 짓 같다. 올 듯 말 듯 가버린 시를 부르는 것은 더 고통스러운 고독에 처하는 일이다. 좋은 시에 욕망은 갈망의 끝없는 길을 뜨게 하고, 그런 중에 뜻밖의 구절을 만나게도 한다. 그런 시간이 쌓일수록 "남몰래 어둠을 밟고 가랑눈이 다녀"(「가랑눈」)가는 희미한 자취를 잡아채며 "정적에 밑줄을 긋는 또르르 귀뚜리 소리"(「가을 넋두리」)를 오롯이 맞이하는 시적 순간을 그릴 수 있다. 그런 순간의 희열로 고독 속을 가는 시인의 그림자는 그래서 살 다 발리며 휑해진 자코메티의 긴 조각들 같은 느낌이 드나

보다.

    공화순의 시적 발성은 간명한 함축과 비유로 사유를 넓히는 데서 돌연 도드라진다. 주지적 경향에 따라 건조해보일 때도 더러 있지만, 감성을 지순히 풀어놓는 경우는 촉촉한 물기로 호소력을 높인다. 특히 독특한 해석이나 발견이 돌올한 작품들은 인식의 확장을 촉발한다. 그런 점에서 중요한 특성으로 짚어본 성찰과 자기 응시는 삶의 다층적인 투영으로 시적 깊이를 더한다. 예각적인 현실 인식을 바탕으로 한 세상 읽기나 형상화 역시 시적 보폭을 넓히는 동시에 '지금 이곳'의 시조로서 현대성을 보여준다. 이는 시인의 개성적 영역을 열어갈 방향성의 내장으로 이후의 진전을 지켜보게 한다.

    그럼에도 아니 그래서 시인은 더욱 깊이 찾고 물을 것이다. "모퉁이에서 놓친 분홍"이며 "지나가버린 그 이름" 같은 그립고 아쉽고 간절한 무엇들을. 그것은 시조라는 이름에 두루 포섭될 것이니 앞으로 세상의 골목들을 더 뜨겁게 뒤지고 뒤집어보길 바란다. 독자도 기꺼이 함께하는 시적 매혹으로 심화되고 확장되기를 기대한다. 그것은 새로운 '수식어'들을 찾는 여정이러니, 모쪼록 놀라운 즐거움으로 이어지길.

열린시학 정형시집 148

모퉁이에서 놓친 분홍

초판 1쇄 인쇄일 · 2018년 11월 22일
초판 1쇄 발행일 · 2018년 11월 30일

지은이 | 공화순
펴낸이 | 노정자
펴낸곳 | 도서출판 고요아침
편　집 | 김남규 정숙희

출판 등록 2002년 8월 1일 제1-3094호
03678 서울시 서대문구 증가로 29길 12-27, 102호
전화 | 302-3194~5
팩스 | 302-3198
E-mail | goyoachim@hanmail.net
홈페이지 | www.goyoachim.net

ISBN 979-11-88897-83-4(04810)
ISBN 978-89-6039-728-6(세트)

*책 가격은 뒤표지에 표시되어 있습니다.
*지은이와 협의에 의해 인지는 생략합니다.
*잘못된 책은 교환해 드립니다.

ⓒ 공화순, 2018